Este livro pertence a

This book belongs to

____

Illustrations by Val Yovanka

Version: 1.3

www.LearnPortugal.com

ISBN: 978-1-7390178-2-8

maçã

(ma-SAA)

apple

Maçã

maçã

Fill in the missing word in Portuguese

Quando quero

When I want

lanchar, como uma

a snack, I eat an

apple.

Find the word **MAÇÃ** below:

C	Y	Í	G	K	N	W	M	Ó	W	Y	Ô
F	C	M	G	Ê	C	Í	Ê	M	A	Ç	Ã
D	V	N	C	B	Ô	Ç	Ê	B	K	Á	M
Ã	Ô	Í	Ê	Z	M	Ç	Á	Á	R	I	Ô
Í	J	C	W	Ê	O	Ê	U	L	Ô	B	H
K	O	R	E	Ó	P	V	Á	V	R	O	Ô

árvore

(ARR-voo-ruh)

tree

Árvore

árvore

Fill in the missing **word** in Portuguese

A coruja dorme

The owl sleeps

na

in a **tree**

durante o dia.

during the day.

Find the word **ÁRVORE** below:

Á	Ô	A	L	D	R	M	V	Z	K	E	Ô
R	L	E	Q	H	Q	Q	É	G	R	U	Ó
J	N	Ô	Y	T	L	É	L	O	X	Ç	Ô
I	É	D	X	L	D	D	V	J	J	Ó	R
T	H	F	Ô	A	R	R	G	F	J	Ã	Í
Ç	Ó	B	É	G	Á	Ó	V	U	M	Z	E

batata

(ba-TA-ta)
potato

Batata

batata

Fill in the missing word in Portuguese

A minha avó vai

My grandmother is going

descascar a

to peel the **potato**

antes de a cozinhar.

before cooking.

Find the word **BATATA** below:

H	F	B	A	T	A	T	A	U	Y	O	Ã
Y	T	F	T	U	Q	Q	R	C	Ê	Ê	Ã
A	R	É	I	U	Ê	A	Ê	J	Q	A	Z
I	G	Á	B	I	S	F	P	L	W	W	E
Y	O	K	Ç	Ê	D	T	B	Ó	U	W	C
J	N	Ç	I	X	Ã	Í	G	Y	E	V	U

sol

(SOL)

sun

Sol

sol

Fill in the missing **word** in Portuguese

O ______ é

The **sun** is

muito quente no

very hot in the

verão.

summer.

Find the word **SOL** below:

Ô	L	S	S	E	G	K	Ô	K	G	W	Ô
Á	K	F	O	Á	A	C	Ê	D	P	I	A
Z	K	M	É	L	Ó	Á	Í	Ó	L	A	É
F	G	S	R	L	B	C	G	G	Ã	W	U
Q	V	E	U	A	Z	K	F	O	E	Í	O
P	H	D	É	N	Ç	J	N	I	D	Y	N

arroz

(ah-ROHJ)
rice

Arroz

arroz

Fill in the missing word in Portuguese

A minha mãe está a
My mom is

preparar frango com
preparing chicken with

______ para o jantar.
rice for dinner.

Find the word **ARROZ** below:

Á	I	L	R	N	K	Ê	A	N	C	A	K
F	R	Ç	A	T	É	Ê	S	Í	G	R	C
V	K	S	X	C	K	G	J	U	M	R	Y
W	L	X	N	V	A	T	É	P	Ó	O	I
Ã	O	G	E	Ô	M	P	Ê	L	H	Z	Y
T	H	J	T	E	W	J	K	Ç	I	Ê	Q

Review

Match the words to the pictures!

maçã

árvore

batata

sol

arroz

Letter Practice

M a _ _

Á r v _ _ e

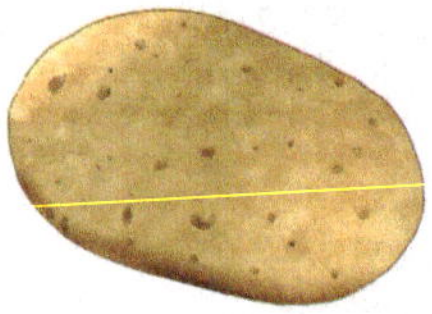

B _ _ _ _ _

_ o _

A _ _ _ z

arco-íris

(AR-koo EE-rish)

rainbow

Arco-íris

arco-íris

Fill in the missing **word** in Portuguese

As cores de um

The colors of a

são tão

rainbow are so

bonitas no céu.

pretty in the sky.

Find the word **ARCO-ÍRIS** below:

Ã	V	Y	O	R	C	N	K	L	X	G	Ç
W	G	B	G	Q	M	Ê	Á	Y	B	Á	S
H	F	B	I	Q	Ó	S	G	X	G	L	T
Ê	P	C	A	R	C	O	Í	R	I	S	Ê
S	Ô	I	Ô	R	W	M	Ã	N	W	V	K
R	R	M	F	Ê	Ê	U	J	C	A	Ô	C

laranja

(la-RANG-ja)
orange

Laranja

laranja

Fill in the missing **word** in Portuguese

Uma

An orange

está cheia de

is full of

vitamina C.

vitamin C.

Find the word **LARANJA** below:

S	A	Ó	N	D	G	T	H	Ê	B	X	Ã
B	Ô	L	A	R	A	N	J	A	Q	K	U
Ê	K	G	B	Í	Í	Q	Q	G	O	D	H
X	V	I	É	Z	W	W	A	V	Ô	U	C
I	O	D	Z	Y	Q	N	K	Ó	Í	Ç	Ã
O	D	Ç	O	M	O	Á	T	Ã	Ó	P	M

nuvem

(NEW-veng)
cloud

Nuvem

nuvem

Fill in the missing **word** in Portuguese

A

The **cloud**

está esconder

is hiding

o sol.

the sun.

Find the word **NUVEM** below:

L	L	O	É	P	Á	B	Ó	X	É	Á	Ç
B	B	Ô	Q	Ô	K	P	Á	Í	G	N	O
T	Ó	U	Q	W	Ê	S	M	Ç	T	U	Ç
E	X	D	H	X	R	C	Y	U	T	V	B
S	I	F	P	Y	T	L	S	D	Ó	E	X
O	V	E	Ô	Ã	F	I	Á	M	Ó	M	K

OVO

(O-voo)

egg

Ovo

ovo

Fill in the missing **word** in Portuguese

Um ________ pode

An egg can

ser frito, mexido

be fried scrambled

ou cozido.

or boiled.

Find the word **OVO** below:

F	Ô	R	F	W	Ô	E	Ó	J	R	H	C
O	V	O	T	T	L	U	B	Ç	Ç	B	B
O	O	M	S	T	X	Y	É	Ô	D	V	Q
R	N	D	U	Ê	H	M	T	G	Á	T	H
O	W	M	D	Ô	O	I	N	S	D	B	Ã
Á	D	O	G	H	Ô	S	É	Z	F	I	D

bolota

(boo-LO-ta)
acorn

Bolota

bolota

Fill in the missing word in Portuguese

O esquilo está
The squirrel is

comer uma
eating an

lá fora.
acorn outside.

Find the word **BOLOTA** below:

K	E	B	D	Q	S	M	H	P	I	J	A
A	U	O	U	A	E	V	D	Ô	Í	P	O
Z	E	L	P	F	Ê	L	E	X	B	O	C
Y	Ã	O	W	Ó	V	I	Á	I	Ã	W	Á
O	R	T	M	Z	Í	L	É	G	Ç	É	Ç
U	K	A	P	É	Y	Í	O	H	M	M	Ô

Review

Match the words to the pictures!

arco-íris

laranja

nuvem

ovo

bolota

Letter Practice

A _ c _ -
í _ _ _

_ a _ _ _ j _

_ _ v e _

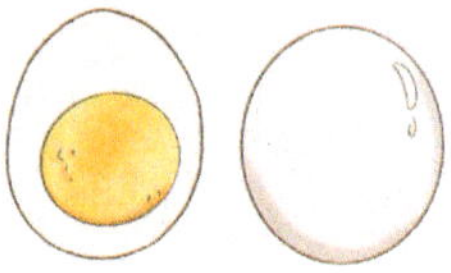

O _ _

B _ l o _ _

banana

(ba-NA-na)
banana

Banana

banana

Fill in the missing word in Portuguese

É divertido

It's fun

descascar e

to peel and

comer uma

eat a **banana.**

Find the word **BANANA** below:

F	B	N	Ô	Ô	K	R	T	D	Y	H	I
Z	Y	A	Ó	F	H	F	C	Ê	Ô	C	M
Ê	W	V	N	O	O	É	T	Ç	L	K	T
I	D	L	F	A	F	Q	B	Á	Y	B	O
B	A	Ê	V	F	N	Ê	Ó	S	U	H	Ô
N	Ã	Ã	Y	W	X	A	Ó	M	B	K	Á

lua

(LOO-a)
moon

Lua

lua

Fill in the missing **word** in Portuguese

A ______ é tão

The **moon** is so

brilhante que

bright it

ilumina o céu.

lights up the sky.

Find the word **LUA** below:

Y	L	U	A	Z	F	Ó	G	Í	R	Á	V
A	É	U	G	R	Ô	Z	J	Q	M	H	É
N	G	U	D	N	E	J	K	D	Z	Q	M
W	Ê	B	R	K	B	E	S	Z	Ó	K	N
M	Z	Í	G	Y	Ó	Ê	R	U	Ç	K	F
L	L	P	O	É	A	D	A	I	N	A	Y

bolachas

(boo-LA-shash)

crackers

Bolachas

bolachas

Fill in the missing word in Portuguese

A Maria está a

Maria is

comer

eating crackers

com um copo de leite.

with a cup of milk.

Find the word **BOLACHAS** below:

N	S	Ó	K	Ô	O	Ô	M	Á	Í	Q	F
L	Z	G	H	Ç	E	U	O	G	Ã	G	Y
Q	F	Z	Í	T	F	L	N	Ô	F	F	H
W	N	W	Ô	T	Ã	Ó	S	J	É	Á	D
F	D	B	O	L	A	C	H	A	S	H	K
K	L	R	F	Á	Q	G	Í	K	D	Í	Q

folha

(FO-lya)

leaf

Folha

folha

Fill in the missing **word** in Portuguese

A ______ é verde

The **leaf** is green

e ajuda a árvore

and helps the tree

a respirar.

breathe.

Find the word **FOLHA** below:

Ó	V	U	D	F	Ç	L	T	C	G	P	Y
Ê	U	Ê	Ô	O	T	N	H	N	M	Ç	C
P	D	H	C	L	D	N	D	E	A	É	S
E	W	G	B	H	X	Ê	C	Y	X	F	H
Ç	L	Q	C	A	Ó	Ã	A	P	A	X	O
A	L	Ç	N	F	Ç	S	P	M	N	V	C

tomate

(too-MAT)

tomato

Tomate

tomate

Fill in the missing **word** in Portuguese

Eu estou plantar

I am planting

um ______ no

a **tomato** in

meu jardim.

my garden.

Find the word **TOMATE** below:

R	Á	T	K	M	R	L	Y	B	H	Ã	X
A	K	C	O	D	Ê	M	H	I	É	É	B
E	Ê	A	R	M	H	L	G	Í	Q	P	G
A	M	J	W	V	A	Z	J	I	É	A	M
Q	U	F	Z	H	Í	T	Q	I	T	W	W
R	Ã	M	E	Ó	W	Q	E	N	Ô	Ã	I

Review
Match the words to the pictures!

banana

lua

bolachas

folha

tomate

Letter Practice

B a

u a

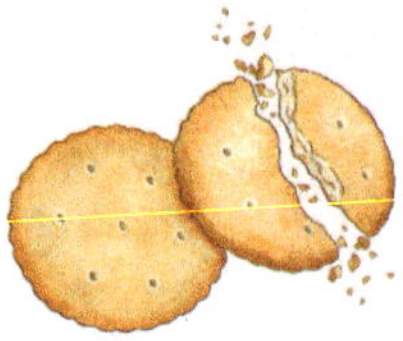

a c h a s

F l h

m a

queijo

(KAY-joo)

cheese

Queijo

queijo

Fill in the missing **word** in Portuguese

O meu tio está

My uncle is

a comer

eating **cheese**

e presunto.

and prosciutto.

Find the word **QUEIJO** below:

O	V	Ô	U	Í	H	Ê	Ê	L	É	Ô	O
Í	R	É	Í	C	M	G	W	G	R	J	E
É	F	O	R	N	S	U	B	Ó	I	Ê	C
Ã	C	Ã	É	J	Á	N	M	E	G	L	M
F	B	Ç	É	É	O	K	U	L	V	Z	J
G	V	Ê	R	Ã	Ó	Q	Y	T	T	É	M

pedras

(PEH-drash)

rocks

Pedras

pedras

Fill in the missing **word** in Portuguese

_____ vêm em

Rocks come in

diferentes formas

different shapes

e tamanhos.

and sizes.

Find the word **PEDRAS** below:

Ô	Ê	R	P	C	É	I	A	Í	E	Ê	K
T	U	É	Á	E	Ã	B	L	X	G	Í	A
É	G	E	P	Ç	D	C	Ô	N	J	Z	N
Á	K	G	B	Í	J	R	K	R	H	Ê	L
H	O	V	F	S	O	J	A	Í	M	Ó	T
É	F	Z	V	Ó	S	X	É	S	K	S	Z

pêssego

(PEH-seh-goo)

peach

Pêssego

pêssego

Fill in the missing **word** in Portuguese

Este ______ é

This peach is

cheio de sabor

full of flavor

e doçura.

and sweetness.

Find the word **PÊSSEGO** below:

Á	K	M	Ã	C	D	A	C	R	J	B	A
I	O	C	P	Ê	S	S	E	G	O	V	Ã
A	Q	N	Y	P	Ç	X	Ê	V	Ã	C	K
M	V	Z	W	H	H	Z	L	O	Ã	Í	N
T	H	B	K	Q	H	Z	Í	N	L	É	B
Í	P	Y	Q	Á	É	M	Ç	Q	Ê	D	W

relva

(REHL-va)

grass

Relva

relva

Fill in the missing **word** in Portuguese

Andar na

Walking on the **grass**

faz-me cócegas

makes me ticklish

nos pés.

on my feet.

Find the word **RELVA** below:

L	Ã	Í	B	A	O	É	F	M	J	Ê	Z
W	R	S	V	M	D	W	Ã	Ó	I	Ê	L
W	I	L	K	Á	S	W	D	T	É	B	Ó
W	E	Ê	X	Ê	W	C	É	E	Ô	Z	B
R	Ç	T	P	W	G	F	M	U	Á	C	K
U	D	B	V	I	Q	M	I	Ê	C	D	F

cenoura

(seh-NO-ra)
carrot

Cenoura

cenoura

Fill in the missing word in Portuguese

O coelho está

The rabbit is

comer uma

eating a

carrot.

Find the word **CENOURA** below:

O	V	R	W	Ó	É	V	R	Ã	T	A	É
Ã	Ç	X	C	E	N	O	U	R	A	Q	L
Ô	L	D	Ô	A	Q	Ã	M	Í	Ê	R	P
X	B	D	W	D	H	X	Ç	D	Ô	C	D
O	S	G	Ó	X	D	A	Ô	C	Ã	R	I
S	S	N	Í	C	D	P	P	G	Ó	B	K

Review

Match the words to the pictures!

queijo

pedras

pêssego

relva

cenoura

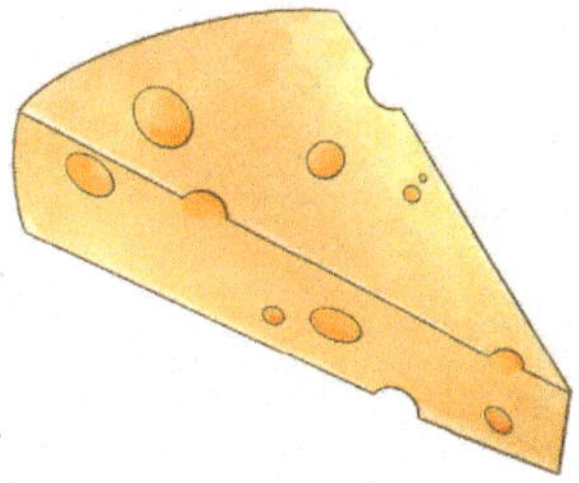

Letter Practice

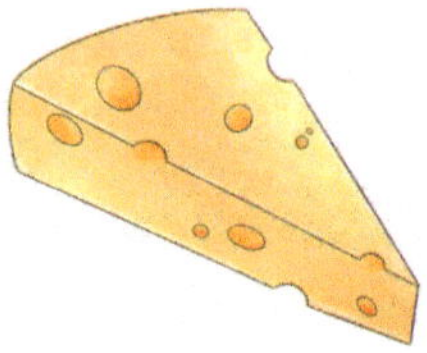

Q			i	j	o

	e	d		a	

P	ê					

		l	v	

C		n				

água

(A-gwa)
water

Água

água

Fill in the missing **word** in Portuguese

Eu quero nadar na

I want to swim in the

quando eu

water when I

vou à praia.

go to the beach.

Find the word **ÁGUA** below:

P	Ã	R	P	Á	V	Q	Á	G	U	A	G
A	M	M	X	F	Ê	Ô	Í	T	U	Q	K
K	Ô	U	O	R	X	P	C	Ê	Y	N	O
E	M	X	Y	O	Ó	L	C	U	K	M	R
E	F	Y	J	I	B	D	Ô	O	Ô	F	Q
H	E	F	E	W	X	B	Ô	V	Ã	É	K

flor

(FLOR)
flower

Flor

flor

Fill in the missing **word** in Portuguese

A é bonita

The **flower** is pretty

e cheira muito

and smells very

bem.

good.

Find the word **FLOR** below:

Ó	H	E	G	B	Ç	R	E	Y	M	Ç	Ô
J	U	F	O	U	Ô	F	Ê	I	Ç	O	I
Z	W	S	W	Á	R	L	K	Í	M	Ó	F
Q	Q	Z	S	O	B	Ó	Ã	T	B	V	Z
F	C	K	L	E	P	T	F	K	Í	W	H
I	D	F	A	T	Z	V	H	K	B	O	F

uvas

(OO-vash)
grapes

Uvas

uvas

Fill in the missing **word** in Portuguese

As ______ crescem

Grapes grow

em videiras nas

on vines in

vinhas.

vineyards.

Find the word **UVAS** below:

Ê	Á	B	T	U	R	Y	Y	M	I	Q	O
O	K	N	N	U	V	O	Z	Ô	Í	H	X
S	Á	X	G	R	B	A	Ã	N	Ã	W	Z
Ê	Ó	N	J	P	C	E	S	Y	L	H	Ê
Ô	Z	F	B	Ô	C	N	Ã	W	L	C	Q
P	Ã	T	Ó	Ô	V	U	X	W	Ô	Y	J

chuva

(SHOO-va)
rain

Chuva

chuva

Fill in the missing word in Portuguese

Eu adoro ver

I love to see

a ________ através

the **rain** through

da janela.

the window.

Find the word **CHUVA** below:

A	M	Q	Ô	K	C	Ê	R	Á	I	X	N
D	M	Ã	I	A	I	H	Ç	H	F	É	Z
X	F	I	A	S	S	S	U	Í	L	T	D
Ê	B	O	F	C	W	E	A	V	Ó	Í	G
Z	J	E	Y	J	Ê	A	K	O	A	Í	M
G	Ê	H	E	L	G	E	U	H	K	K	I

cebola

(seh-BO-la)
onion

Cebola

cebola

Fill in the missing **word** in Portuguese

Uma ______ é

An **onion** is

um vegetal que

a vegetable that

cresce na terra.

grows in the soil.

Find the word **CEBOLA** below:

D	B	F	X	F	C	Í	Ê	Q	É	N	Ó
P	É	Á	Á	Q	Z	E	E	S	Á	I	N
P	I	Ã	Ó	B	A	Í	B	U	E	J	G
Q	G	Ô	Ô	Ã	I	Ç	A	O	R	N	É
C	Ô	Q	C	Z	I	X	H	H	L	W	Q
Á	H	X	C	J	Ç	W	V	J	Ê	A	V

Review

Match the words to the pictures!

água

flor

uvas

chuva

cebola

Letter Practice

Á g _ _

_ _ o r

u _ _ _

_ h _ v _

_ _ _ o l a

Practice worksheet

Practice worksheet

Practice worksheet

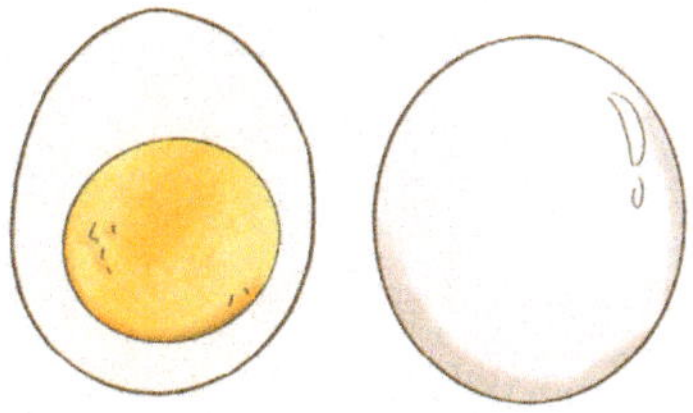

Practice worksheet

Practice worksheet

Practice worksheet

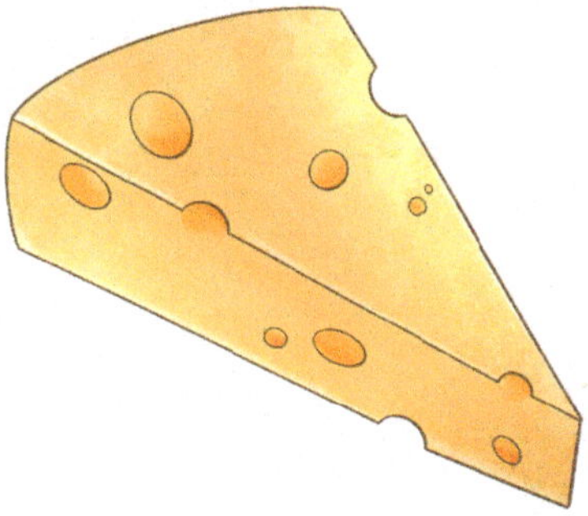

Practice worksheet

Practice worksheet

Practice worksheet

BONUS! Circle the words that are food:

BATATA SOL TOMATE

BANANA MAÇÃ NUVEM FOLHA

CENOURA LARANJA PEDRAS

CHUVA PÊSSEGO ÁRVORE LUA

RELVA BOLACHA ARROZ

UVAS CEBOLA QUEIJO OVO

Love our books? Share your thoughts on Amazon. Your feedback helps us grow and reach more kids!

Questions? Email us at

Hello@LearnPortugal.com

Keep Learning!

Build your child's European Portuguese vocabulary with each book in our series. Master different words through our engaging handwriting exercises!

Find freebies, pronunciation guides, and more at:

www.learnportugal.com

Certificate

Of Achievement

This Certificate Is Proudly Presented To

____

Has successfully completed the European Portuguese Handwriting Practice Workbook for Kids!

Food & Nature

_______________ Date

_______________ Signature

Printed in Great Britain
by Amazon

62347492R00045